LE

COLONEL BOURRAS

NOTICE HISTORIQUE

PAR

L'Abbé J. RÉDIER

CURÉ D'AULAS

※

PARIS

LIBRAIRIE SAINT-JOSEPH

TOLRA, LIBRAIRE-ÉDITEUR

112 *bis*, RUE DE RENNES, 112 *bis*

—

1892

Tous droits réservés

LE COLONEL BOURRAS

NOTICE HISTORIQUE

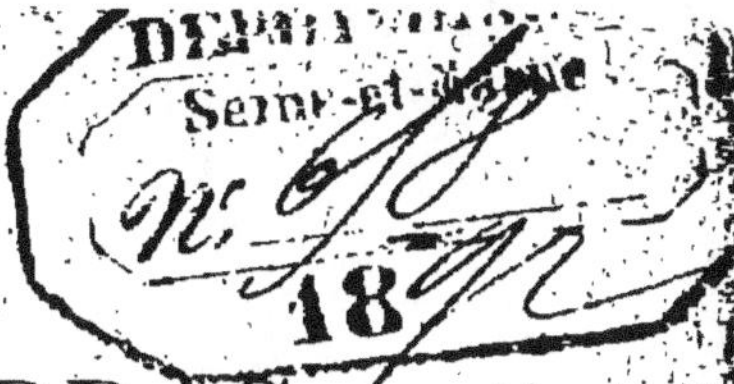

Une plume aussi intelligente qu'amie s'occupe à écrire la vie du colonel Bourras, à la mémoire duquel on va dresser une statue sur la place publique de Pompignan, son pays natal. Cette biographie formera une page, et non des moins importantes, de l'histoire de la guerre de 1870.

Avant que ce travail impatiemment attendu soit mis au jour, et afin de ne pas être accusé d'indifférence à l'égard d'une de nos gloires locales, qu'il soit permis à l'un des compatriotes de l'ancien chef du *Corps Franc des Vosges*

d'esquisser à grands traits la physiono-
mie sympathique du vaillant soldat.

*
* *

Alphonse Bourras naquit le 24 février 1836, à Pompignan, d'une famille
de propriétaires honorable et aisée. L'enfant hérita de la bonté du cœur, de la
grâce et de la finesse des manières, de
l'esprit vif et pénétrant de son père, Éloi
Bourras, comme aussi de la ténacité de
sentiments de sa mère.

Madame Bourras était une de ces
femmes de caractère qui savent naturel-
lement imposer le respect et l'affection,
autant par le dévoûment et la générosité
de leur âme que par la force de leurs con-
victions et de leur conduite. Elle était, de
plus, une mère vertueuse et bonne qui
veilla sans cesse sur son fils avec la plus
tendre sollicitude. Elle s'appliqua à former le caractère de son enfant et à semer,
dès son jeune âge, l'amour du bien dans
son cœur.

Ce travail eut souvent ses amertumes.

Alphonse était turbulent et batailleur.
« Alphonse n'est pas toujours facile à gou-
verner », disait madame Bourras. Mais à
la vue du chagrin maternel, le cœur de
l'enfant se brisait de repentir, et il s'em-
pressait toujours d'implorer la grâce de
sa mère et de lui faire les meilleures pro-
messes.

Alphonse n'avait pas six ans encore,
et déjà il savait bien lire et bien écrire.
La vivacité de son esprit, la rectitude
de ses observations promettaient de
belles espérances, et présageaient ces
qualités éminentes qui devaient, plus
tard, faire de cet écolier l'ami et parfois
le conseil des grands hommes de son
temps

Une des plus agréables récréations du
jeune Bourras consistait à grouper ses
petits camarades, à mettre dans leurs
mains des bâtons en guise de fusils, et à
se constituer ensuite leur chef. Il prenait
tellement au sérieux son rôle de commandant qu'il se faisait obéir de tous.

Il existait jadis parmi les enfants de
Pompignan un exercice assez dangereux
rappelant la coutume antique. Ils se divi-
saient en deux camps, se choisissaient un

chef dont il fallait suivre les ordres, puis après s'être placés à une distance convenue, c'était des deux côtés une grêle de pierres. Ces sortes de combats, à la suite desquels il y avait de temps en temps des blessés, couvraient de gloire les vainqueurs. Les vaincus s'en allaient tristement après leur défaite, se promettant de reprendre une autre fois la lutte et d'obtenir le triomphe. Cet usage a disparu des mœurs de nos compatriotes.

A ce propos, voici deux traits, entre tant d'autres, qui donneront déjà une idée du courage, du sang-froid et de la hardiesse du futur héros. Un jour, le groupe d'enfants qu'il dirige est, à coups de pierres, attaqué par un autre groupe bien plus nombreux. Sa petite armée est sur le point de faiblir. Alphonse aussitôt, les cheveux épars, l'œil en feu, le visage inondé de sueur, exhorte vivement ses camarades à ne pas prendre la fuite. Les paroles du chef sont impuissantes à rallier la troupe qu'a saisie la peur; elle va lâcher prise quand, à bout de ressources, Alphonse ordonne impérieusement à deux ou trois des siens de se détacher de la bande pour s'en aller vite demander appui à d'autres petits guerriers, simples spectateurs de la mêlée, et tomber avec eux sur le nombre. L'ordre est à l'instant exécuté : par ce stratagème les vainqueurs deviennent les vaincus.

Une autre fois, c'est Alphonse lui-même qui, abandonné de tous ceux de sa troupe, tient seul tête à l'ennemi, et ne désarme que lorsque le garde-champêtre, un vieux militaire en retraite, émerveillé de la fière attitude d'un enfant de dix ans à peine, s'interpose entre les combattants.

Ces deux batailles d'écoliers s'étaient livrées l'une sur le chemin du champ de *Blaise* au *Lauzas*, l'autre sur le chemin du champ de *Blaise* au *Crès*, près de la grande Croix de la Mission.

*
* *

Alphonse fut ensuite envoyé au collège Saint-Stanislas, à Nîmes. A l'époque où le jeune Bourras en suivait les cours, cet établissement était déjà florissant, et l'on y enseignait avec éclat. Il devait surtout sa réputation au rare mérite de l'ecclésiastique qui en avait été le restaurateur, et qui en fût l'âme pendant près de trente ans. Il suffit de prononcer le nom de l'abbé Baume pour réveiller, dans l'esprit et dans le cœur de ceux qui le connurent, les souvenirs les plus précieux.

Les professeurs d'Alphonse trouvèrent dans leur élève un terrain sinon toujours facile à cultiver, du moins fertile. Sa facilité de conception était grande, sa mémoire excellente. Après quelques années passées dans ce collège, l'intelligent élève atteignit vite les premiers rangs. On le citait comme très fort en version latine.

M. l'abbé Marcou, son professeur de rhétorique, apprécia ce caractère indépendant, aussi sensible et généreux, sous une écorce pensive et dure, que franc, intrépide et résolu. Ce maître distingué devint particulièrement cher à notre collégien. Celui-ci ne cessa jamais de lui témoigner sa vive reconnaissance, le considérant avec juste raison comme le type du bon professeur et du bon prêtre.

Quelques mois avant la fin de sa rhétorique, Alphonse, qui s'était toujours senti attiré vers l'état militaire, manifesta son intention de ne pas attendre plus longtemps pour embrasser la noble carrière des armes.

Ce désir fut tout d'abord vivement combattu par sa famille. M. Eloi Bourras aurait voulu que son fils, élève rempli d'intelligence et de talent, terminât ses études. Madame Bourras partageait le sentiment de son mari. Toujours est-il que l'irrésolution s'empara de leur enfant. Sa volonté flotta un instant entre le collège et la caserne, mais cette hésitation fut de courte durée. Le collégien fit connaître résolument sa pensée de ne pas reprendre ses études, et il s'engagea comme simple volontaire. C'est le génie qui eut sa préférence.

Il fit la campagne d'Italie avec le grade de sous-officier, et, en 1862, à l'âge de vingt-six ans, il avait déjà conquis l'épaulette. A la bataille de Mentana (1868), il fut porté à l'ordre du jour de l'armée pour sa brillante conduite et décoré de l'ordre de Saint-Grégoire-le-Grand. Ce fut un vrai bonheur pour la famille Bourras de voir le jeune lieutenant du génie arriver au pays natal entouré de la considération publique, tout plein de contentement et d'espérance. Deux ans plus tard, quand éclata la guerre de 1870, Bourras était capitaine en Afrique; il avait alors trente-quatre ans. Hélas ! son père n'était plus là pour jouir de la présence de son bien-aimé fils et de sa future gloire. Cet excellent homme avait été frappé par la mort, dans un âge relativement peu avancé, au moment même où il aurait eu le droit de se montrer bien fier d'avoir un tel fils !

Comme on le voit, le simple soldat n'était point resté obscur dans l'arme d'élite du génie. Tout au contraire, il avait fait avec rapidité son chemin. L'heure était proche où notre cher compatriote allait donner des preuves autrement significatives encore de son mérite. Selon l'expression d'un de ses chefs, « Bourras était un homme d'avenir. » Les événements devaient révéler bientôt la justesse d'une appréciation si flatteuse.

Fait prisonnier à Sedan, le capitaine du génie Bourras parvint à s'échapper, et, vers le 15 septembre, arriva à Paris où il se mit à la disposition du gouvernement de la Défense nationale.

Il quitta Paris le 17 septembre par le dernier train pouvant sortir avant l'investissement. Bourras avait pour compagnons le capitaine du génie Varaigne, aujourd'hui général gouverneur d'Epinal, le capitaine d'artillerie Schœdlin, qui devait trouver à ses côtés une mort glorieuse au combat de la Bourgonce, MM. Pistor, élève de l'Ecole polytechnique, aujourd'hui chef d'escadron d'artillerie, attaché à la personne du président de la République ; Godard, élève de l'Ecole des ponts et chaussées, actuellement ingénieur en chef à Alger ; de Landreville, étudiant en droit à Nancy, devenu à vingt ans capitaine dans les chasseurs à cheval, jeune homme plein d'ardeur et de brillantes qualités, mort il y a quelques années en Algérie, et Ladislas Wolowski, ancien officier polonais de l'insurrection de 1863-1864. Ces jeunes et hardis patriotes arrivèrent à Epinal le 21 septembre.

Sous l'intelligente et habile direction de MM. Emile George, préfet des Vosges, et Varaigne, capitaine du génie, on s'occupait alors de la formation d'un corps de francs-tireurs composé de l'élite de la société de l'Est, tous hommes de cœur, désintéressés et valeureux. On n'hésita pas à confier le commandement de ce corps à Bourras qui le conduisit au feu, et accomplit à sa tête des prodiges de valeur.

Successivement commandant, lieutenant-colonel, colonel, Bourras se montra à la Bourgonce, à Nompatelize, à Brouvelieures, à Flavigny, à Laval, à Gray, à Nuits, à Vougeot, à Saint-Jean de Losne, à Croix, à Abbevillers, etc., etc.

Dans plus de vingt combats qu'il soutient à l'ennemi, on le trouve parfois heureux, toujours au premier rang et animé d'un courage au-dessus de tout éloge.

Les Prussiens ont reconnu eux-mêmes que, pendant la seconde partie de la guerre, l'action de leur nombreuse cavalerie avait été singulièrement gênée par les francs-tireurs.

Voici comment le général Thoumas

s'exprime sur le *corps franc* des Vosges,
après le vif engagement de la Bourgonce... « Les troupes qui avaient pris
part au combat se réorganisèrent der-
rière la Vologne, sous les ordres directs
du général Cambriels, établi à Bruyères.
La belle défense de Rambervillers arrêta
un instant la marche du 14ᵉ corps allemand dont une brigade vint se heurter,
le 11 octobre, en avant de Brouvelieures,
au *corps franc* des Vosges sous le commandement du commandant Bourras. Ce
corps franc occupait le moulin de la Hà-
zelle, le bois de Frésimont, Neuf-Moulins
et le bois d'Obtenrupt. L'ennemi dut em-
ployer deux bataillons et une batterie
pour le déloger de ses positions, et débou-
cha aussitôt de Brouvelieures pour se
porter contre Bruyères, où il se heurta de
nouveau au corps franc des Vosges et à la
légion bretonne. Il ne put entrer dans
Bruyères avant quatre heures et demie
du soir. Les francs-tireurs, après cette
énergique résistance, ne se décourageaient
pas et allaient se poster à Laval. L'ennemi
y dirigeait le soir une reconnaissance,
mais les francs-tireurs l'accueillaient
chaudement ; elle était mise en fuite, et

se retirait précipitamment sur Bruyères.

« Le lendemain l'ennemi, exaspéré par ces incessantes escarmouches, se livrait à des représailles sauvages et incendiait le village de Laval. Six cents francs-tireurs avaient tenu tête à trois ou quatre mille Allemands, appuyés par de l'artillerie et de la cavalerie. L'ennemi eut plusieurs centaines d'hommes hors de combat. La perte des francs-tireurs, portée dans le rapport officiel à dix-sept tués, huit blessés et trente disparus, fut en réalité plus considérable, puisqu'une seule compagnie, la 10e, eut seize hommes tués. »

C'est à la suite d'un de ces combats les plus acharnés, celui de Nuits, d'où les Prussiens furent chassés à la baïonnette par les troupes de Bourras, que ce dernier reçut la croix de chevalier de la Légion d'honneur. Il était, quelques mois plus tard, nommé officier du même ordre.

L'ennemi, que le commandant du *corps franc* des Vosges harcelait sans cesse et auquel il infligeait des pertes sérieuses, s'était ainsi habitué à le craindre. Aussi, le jour où l'un de ses francs-tireurs, le jeune Mesnil d'Arbois, fut exécuté par les Prussiens, Bourras, fort de sa conscience et de son droit, écrivit, dès l'annonce de cette terrible nouvelle, la lettre suivante au général de Werder commandant l'armée allemande à Dijon :

De mon quartier général de Nuits,
Novembre 1870.

« Général,

» Je suis ce commandant du *corps franc* des Vosges qui vous suit depuis la Bourgonce. Les pertes que je vous ai déjà fait subir dépassent deux fois mon effectif.

» Je vous somme, dès aujourd'hui, de faire participer mes troupes aux usages de la guerre, comme belligérants entre peuples civilisés, c'est-à-dire que, si mes hommes tombent entre les mains des vôtres, ils auront la vie sauve, ou alors, forcé de représailles, je ferai fusiller, à vos avant-postes, les nombreux prisonniers que je vous ai faits...

» BOURRAS. »

La réponse du général allemand ne se fit pas attendre. La voici dans tout ce qu'elle a de glorieux pour notre illustre compatriote :

« Colonel,

» J'ai reçu votre honorée lettre, m'informant qu'un acte que je qualifie d'odieux, avait été commis sur la personne d'un de vos francs-tireurs.

» Je regrette ce fait. Je vais ordonner une enquête à ce sujet et faire rechercher les coupables, pour lesquels j'ordonnerai une punition exemplaire...

» DE WERDER. »

Dijon, novembre 1870.

Aucun autre franc-tireur ne fut assassiné. Ce fait suffirait à lui seul pour populariser la mémoire de l'ancien chef du *corps franc* des Vosges.

Est-ce bien étonnant qu'un tel chef fût adoré de ses troupes ? Il tenait lui-même à pouvoir s'en montrer fier. La presse a rapporté les belles paroles du colonel à ses hommes : « Nous sommes des soldats pour servir la France, et non pour faire

du butin. » Les pauvres de Beaune profi-
tèrent plusieurs fois des prises faites par
le *corps franc* aux Prussiens. Bourras
se plaisait également à récompenser le
mérite partout où il s'offrait à son regard
sévère et ami.

Le *corps franc* des Vosges avait un
aumônier, l'abbé Morel, qui fit l'admiration de tous pendant la campagne. On le
vénérait parce que c'était un bon prêtre
et un grand patriote. Au combat d'Abbevillers, pour porter secours aux pauvres
blessés, au péril de sa vie, l'abbé Morel
ayant eu sa soutane percée de trois
balles, dont une le blessa légèrement au
mollet, Bourras le fit décorer de la mé-
daille militaire, ainsi que le capitaine de
Perpigna.

Cet excellent prêtre est mort depuis
quelques années. Les généreux survivants
du *corps franc* des Vosges, en reconnaissance de sa belle conduite et de ses
signalés services, ont déjà fait déposer
une magnifique couronne sur la tombe
du modeste et pieux héros, et se propo-
sent, en outre, de lui élever un mausolée.

Le colonel Bourras continua à lutter et à protéger la retraite de Bourbaki. Quand cette armée, à bout de résistance, eut mis le pied sur le sol de la Suisse, il se passa dans le camp des francs-tireurs une scène sublime d'audace et de patriotisme. Cette légion de braves, après avoir combattu sans cesse, depuis les abords de Belfort, pour arrêter la poursuite de l'ennemi, était arrivée à Pontarlier. Son chef reçut alors l'ordre d'entrer, lui aussi, en Suisse avec ses compagnons d'armes. C'est ici qu'éclate encore et surtout l'héroïsme du colonel Bourras. Il réunit ses officiers et leur tint à peu près ce langage :

« L'armée de l'Est n'est plus. On nous demande de passer en Suisse avec elle. La frontière est proche. Pour nous, pour nos soldats, c'est la sécurité, c'est la fin des maux, c'est la vie facile. J'estime que c'est la honte.

» Il y a une autre route, elle est pleine de périls : il faudra marcher sans cesse dans la neige, sans pain ; mais au bout de cette route, — et le colonel montrait le sud — c'est la terre encore libre où nous pourrons combattre, c'est l'honneur.

» Messieurs, vous êtes libres de choisir. Moi, je ne me rends pas, même à un pays ami. »

Cette harangue, digne des capitaines les plus fameux de l'antiquité, fut comprise des hommes de Bourras. Elle fit battre leur cœur d'admiration et d'orgueil pour le grand patriote qu'ils avaient à leur tête. C'est là, il me semble, le plus bel éloge qui puisse jamais se faire du *Corps Franc* des Vosges.

Tous les officiers, en effet, acclamèrent le colonel, et s'en allèrent avertir leurs hommes. Ces derniers, mettant leurs képis au bout de leurs fusils, déclarèrent aussitôt qu'ils marcheraient avec leur chef. Ils tinrent parole, et, s'engageant dans un chemin élevé et d'un abord difficile, ils franchirent le mont Risoux à travers mille obstacles et mille dangers.

Moins de huit jours après, la légion du *corps franc* des Vosges se reformait à Trévoux. Le *corps franc* fut ainsi reconstitué, presque à l'effectif d'une brigade, avec son artillerie et sa cavalerie, prêt à entrer de nouveau en ligne.

Une telle conduite valut au colonel Bourras et à ses soldats les félicitations du Gouvernement de la Défense nationale.

Tant d'héroïsme et de bravoure avait attiré sur le colonel Bourras l'attention publique : il fut, après la guerre, nommé général des *gardes nationales* de Lyon et du Rhône auxquelles il adressa la proclamation suivante, où passe encore le même souffle de patriotisme :

*Officiers, sous-officiers, caporaux et sol-
dats de la Garde nationale de Lyon,*

« Je suis grandement honoré de me trouver à votre tête.

» La mission qui m'est confiée est difficile, mais je compte sur le concours de vous tous pour m'en faciliter l'accomplissement.

» L'étranger est encore là qui foule nos plus belles provinces, et le pays a grandement besoin de calme pour cicatriser ses blessures.

» Je consacrerai à la Cité Lyonnaise toute mon énergie et toute mon activité, heureux si mes efforts peuvent avoir pour elle un résultat utile.

» Je vous demande votre confiance et espère que, sous peu, vous m'accorderez votre estime.

» *Citoyens, Gardes nationaux !*

» Rallions-nous autour des institutions républicaines que nous devons préserver de toute atteinte !

» La République, c'est notre sauvegarde pour l'avenir, et elle ne peut péricliter, si chacun de vous accomplit légalement et fermement ses devoirs.

» Secondez-moi, et Lyon, fort de ses droits, donnera un grand exemple de puissance et de liberté.

» Vive la République !

» *Le général commandant les gardes nationales du Rhône,*

» **Bourras.** »

Dans des circonstances aussi difficiles, il fallait, pour se trouver à la tête de la grande cité industrielle et patriotique de Lyon, autant de prudence et de tact que de courage. Afin de ne pas entrer dans des détails qui changeraient cette simple notice en une biographie, il suffit de dire que le jeune général fut à la hauteur de son importante mission. Il n'avait pas encore trente-cinq ans.

Lors de la revision des grades, Bourras fut tout d'abord nommé directeur du génie à Aumale, ensuite au 2e régiment de la même arme à Montpellier.

Plein de confiance et d'estime pour un chef qui avait donné tant de preuves de sa valeur personnelle, persuadé, d'autre part, que Bourras serait un jour de nouveau très utile à la patrie, et la servirait aux premiers rangs, le ministre de la guerre voulut utiliser les rares qualités militaires de notre compatriote : il lui confia un travail délicat ayant trait aux fortifications de l'Est. Mais hélas ! l'intrépide soldat se trouvait dans toute la force de l'âge à la fin de sa carrière. Le froid, la neige, les attaques continuelles de l'ennemi, les privations et les sacrifices de toute nature avaient ébranlé une santé pourtant si robuste.

Le mal dont Bourras avait contracté les germes pendant la terrible campagne, fit bientôt des progrès si effrayants qu'il fut obligé de demander sa mise en disponibilité. C'est au pays natal, à Pompignan, que l'ancien chef du *corps franc* des Vosges vint demander un peu de tranquillité et de repos. Là se trouvaient sa famille et ses amis qui tous n'avaient cessé de le suivre, dans les diverses étapes de sa glorieuse carrière, avec les sentiments de sympathie et de légitime fierté qu'avait inspirés sa belle conduite. A Pompignan encore il y avait sa vieille mère. Madame Bourras s'était empressée, dès la fin des hostilités, d'accourir à Lyon auprès de son fils pour ne le quitter presque plus. Cette femme héroïque, puisqu'elle avait donné le jour à un héros, mère de sept enfants, les compta tous sous les drapeaux en 1870, deux comme militaires de profession, et les cinq autres pour avoir répondu à l'appel de la patrie en danger. Veuve depuis un an, et obligée de se séparer de ses sept fils dont la vie allait tout d'un coup se trouver en danger, madame Bourras, par un suprême effort d'admirable courage, leur disait au moment des adieux : « Faites votre devoir. » La lettre qu'elle adressa elle-même, à cette époque, au ministre de la Guerre, est une nouvelle preuve de ce que fut la trempe d'âme de cette patriote.

Alphonse était le cadet de ces sept fidèles serviteurs de la France. Le cinquième, Marius, capitaine du génie en Afrique, marche sur les nobles traces de celui de ses frères qui sut si bien personnifier, en quelque sorte, les valeureux enfants de cette valeureuse terre de l'Est où l'amour de la patrie s'éleva plus haut que l'infortune.

*
* *

Ni les soins de sa mère, ni le doux repos dans cette maison paternelle où il aimait tant jadis à venir se refaire de ses fatigues, ni l'affection de ses amis et de ses compatriotes ne purent triompher de l'implacable maladie de Bourras.

Il était pénible de voir ce brillant soldat, naguère si florissant de santé et de vie, plié et courbé sous le faix de l'épuisement. Appuyé sur sa canne, l'œil toujours vif, le même bon et fin sourire sur les lèvres, on le rencontrait dans la campagne ayant sans cesse à ses côtés, comme l'ange de consolation de la dernière heure, son excellente mère.

On montrera longtemps à Pompignan un ancien moulin à vent, converti en une espèce de tour, qui domine la plaine, du côté de Saint-Hippolyte-du-Fort, et où aimait à se rendre le cher malade. Cette bâtisse se nomme depuis lors dans le pays la *Tour du Commandant*.

La conversation d'Alphonse était restée aussi spirituelle et animée que dans ses beaux jours. Très modeste, on ne l'entendit jamais parler avec orgueil de sa personne. C'est à peine s'il se désignait quand il racontait quelque belle action de son *corps franc* des Vosges.

Comptant sur le secours de médecins en renom pour disputer à la mort une existence aussi précieuse, les amis du colonel Bourras l'appelèrent à Montpellier, et c'est là, dans cette généreuse et sa-

vante cité, où il s'était vu entouré de tant
d'honorables sympathies, que notre bien-
aimé compatriote rendit le dernier sou-
pir, le 16 février 1880, à l'âge de qua-
rante-quatre ans à peine.

Cette mort excita de vifs regrets. Elle
fut pour les habitants de Pompignan, aux-
quels le colonel Bourras se plaisait à se
rendre utile, un sujet de deuil et une
vraie perte.

Le jour des obsèques, à Pompignan, le
brave commandant du génie Saumade
tint à honneur, après la cérémonie reli-
gieuse, de résumer sur la tombe qui ve-
nait si prématurément de s'entr'ouvrir
l'histoire militaire de son compatriote, le
colonel Bourras, cet officier supérieur
qu'il avait aimé et traité comme un fils.
Sa voix éloquente et émue fit couler les
larmes de l'assistance nombreuse venue
de toutes parts pour honorer la mémoire
de notre héros.

M. Wolowski, qui commandait les
éclaireurs à cheval du *corps franc* des
Vosges, a fait de son chef un portrait
frappant.

« Doué d'une bravoure à toute épreuve,

appréciant avec une admirable justesse la valeur du terrain, prévoyant tout, ne négligeant rien, sobre de paroles, infatigable dans le travail, Bourras servait de modèle à tous ses subordonnés et leur inspirait une telle confiance qu'ils étaient prêts à aborder les plus grands dangers, avec l'assurance d'en sortir victorieux si c'était lui qui dirigeait l'action en personne. »

Ce portrait n'a rien d'exagéré. Le 18 mars 1871, la Commune éclate à Paris ; quelques jours après, Saint-Etienne suit le mouvement révolutionnaire. Le préfet, M. de l'Epée, est assassiné, on fait prisonnier le général Lavoye avec ses hommes, la cité reste au pouvoir de l'insurrection.

Soudain le colonel Bourras, chargé de rétablir l'ordre, arrive à la tête de quatre-vingts cavaliers. Sa première démarche est d'aller trouver les chefs de l'émeute. Par un discours enflammé, au nom de la Patrie dont le sol est encore foulé par l'étranger, et à laquelle il faut à tout prix épargner la honte de la guerre civile, il parvient à faire mettre bas les armes.

Grâce au tact, à la bravoure, au sang-froid, à l'habileté du colonel, une ville populeuse en pleine révolte est ainsi pacifiée sans tirer un seul coup de fusil.

Tel est le soldat auquel les glorieux survivants du *corps franc* des Vosges ont été autorisés, par décret du président de la République, à élever une statue.

Déjà la ville de Nancy, en apprenant la mort du colonel, avait envoyé une couronne d'or à sa famille, au nom des provinces ravagées par les Prussiens, comme preuve de touchante reconnaissance pour tous les services rendus par ce vaillant patriote.

Cette couronne domine aujourd'hui, dans le cimetière de Pompignan, le tombeau du colonel et de sa famille.

Dès le premier appel du comité, sous la présidence de M. Wolowski, les villes qui pendant la campagne admirèrent la conduite de Bourras se sont hâtées de souscrire.

Le ministre de la Guerre a daigné s'associer également à cet hommage et permettre aux militaires du génie de prendre part à l'entreprise.

Le général Thoumas a porté sur le même projet le jugement que voici :

« ... Parmi tous ces hommes qui, après de cruelles défaites, osant ne pas désespérer du salut de la France, en combattant sans espoir pour sauver son honneur, se montrèrent infatigables dans une lutte de tous les jours contre l'envahisseur, le colonel Bourras peut être regardé comme un type. Voilà pourquoi l'idée d'élever un monument à lui et à ses compagnons d'armes du *corps franc* des Vosges est une idée de patriotisme et de réparation à la réalisation de laquelle je suis heureux de pouvoir prêter mon concours ».

Des souscriptions spontanées sont venues des hommes les plus en vue de la région, des sénateurs et des députés. Dans une lettre aussi belle que patriotique à MM. les membres du comité, M. Frédéric Gaussorgues, député du Gard, ré-

clame en faveur du monument le concours
des hommes de cœur et des communes,
ne serait-ce, ajoute-il, « que pour donner
aux populations de l'Est, si éprouvées et
toujours si vaillantes, un témoignage de
leurs sentiments fraternels et pour montrer aux délégués de ces populations, dont
quelques-uns viendront des provinces
perdues, qu'ils ne foulent pas dans le Gard
une terre oublieuse et ingrate. »

Grand nombre de conseils municipaux,
à la tête desquels figure le conseil muni-
cipal de Paris, se sont hâtés de répondre
au vœu de M. Gaussorgues.

Le département du Gard, qui renferme
la commune de Pompignan, a voulu à son
tour, sur la chaleureuse et brillante pro-
position du conseiller général M. Clauzel
de Saint-Martin-Valogne, maire de Saint-
Hippolyte, participer à l'œuvre patriotique pour la somme de 2,000 francs.

Quant à la population de Pompignan,
à la première nouvelle du projet de la
statue, elle s'engagea à faire les frais du
piédestal. Les souscriptions à domicile
ont prouvé ensuite combien reste chère
dans son pays d'origine la mémoire du
colonel Bourras !

Les habitants de Pompignan montreront, de plus aux étrangers dont l'affluence, on ne saurait en douter, sera fort considérable aux fêtes prochaines du monument, qu'ils sont toujours dignes de leur antique renommée de généreuse et cordiale hospitalité.

Le monument de Pompignan n'a pas seulement pour but la glorification de Bourras, mais aussi la glorification du *corps franc* des Vosges, et celle encore de tous les patriotes du Gard qui sont morts pour leur pays ou se sont dévoués à sa défense.

Il est beau et consolant de saluer avec respect ces nobles et fortes figures de soldats qui n'ont pas désespéré de la Patrie, aux heures mêmes les plus sombres, de les voir revivre dans le bronze afin d'immortaliser leur fidélité et leur bravoure. Toute statue est un exemple. Du haut de son socle, elle s'adresse aux générations qui passent à ses pieds pour les former et les instruire.

Honneur au colonel Bourras et à ses francs-tireurs d'avoir traversé le mont Rizoux et d'avoir ainsi combattu jusqu'à la dernière heure pour la France !

Cette scène grandiose du mont Risoux a tenté le sculpteur Morice ; c'est elle que rappellera la statue de Pompignan.

Sur un sol labouré par les obus, où s'enfonce un canon à moitié caché par les débris d'un gabion, — image de cette vaillante terre de l'Est que la défaite ne put jamais abattre, — Bourras est debout. D'un geste véhément il désigne au loin le passage du Jura par lequel ses hommes pourront gagner Saint-Claude, s'ils ne redoutent pas le péril. Quant à lui, sa décision est prise : il ne déposera point les armes. *Il a juré de ne pas se rendre, même à un pays ami.*

Le geste du commandant haranguant sa troupe est si vivant qu'il semble animer la grande capote dont Bourras est revêtu. La main gauche du héros se crispe sur son sabre, qu'il a arraché à un officier allemand, et dont il s'est bien promis de ne jamais se dessaisir.

Cette arme a été scrupuleusement copiée sur l'original confié à l'éminent artiste par la famille Bourras.

Puisse le soleil de la France se lever radieux ! Puisse, au jour du conflit suprême, notre Patrie bien-aimée compter beaucoup de chefs et de soldats, comme Bourras et ses compagnons d'armes, presque tous enfants des Vosges ou de l'Alsace, à l'indomptable énergie et au courage invincible !

FIN

ÉMILE COLIN. — IMPRIMERIE DE LAGNY